Inhalt

Biotechnologie - Hoffnungsträger in schillernden Farben

Autor GENIOS BranchenWissen: A.Schneider

Kernthesen

- Die Biotechnologie ist eine Querschnittstechnologie, die in vielen Bereichen zum Einsatz kommt, z.B. Chemie, Lebensmitteltechnologie, Medizin.
- Jedes Anwendungsgebiet präsentiert sich mit einer Farbe: rote Biotechnologie, grüne, weiße, blaue, graue, gelbe.
- In Deutschland gibt es rund 350 Biotech-Unternehmen, aber die Branche konsolidiert sich.
- Die wichtigste Kommunikationsplattform der Branche ist die internationale Fachmesse Biotechnica, die vom vom 18. bis

20. Oktober 2005 stattfindet.

Beitrag

Die Biotechnologie weckt nicht nur in der Chemie- und Pharmaindustrie große Hoffnungen. Auch Bill Gates liegt sie am Herzen: Er spendete bereits über 360 Millionen Euro für gesundheitsfördernde Projekte.

Biotechnologie weckt viele Hoffnungen

Die Biotechnologie macht immer wieder Schlagzeilen: das Klonschaf Dolly ist unvergessen, die Nachricht von der Entschlüsselung des menschlichen Erbguts rüttelte uns auf, die Diskussion um die embryonale Stammzellenforschung ist nach wie vor im Gange.

Als Querschnittstechnologie findet die Biotechnologie in vielen Bereichen Anwendung - so zum Beispiel in der Chemie, in der Landwirtschaft, im Umweltschutz. Auch in unserem Alltag begegnen wir ihr etwa in Form von Waschmittelenzymen oder Lebensmittelzusatzstoffen. Die größten Erwartungen hegen freilich die Pharmaindustrie, die Mediziner und ihre Patienten. (1)

Die Gelder von Bill Gates sollen vor allem der Dritten Welt zugute kommen. Sie fließen unter anderem in die Entwicklung von Impfstoffen in Form von Nasensprays, Pflastern und Fruchtgetränken sowie Bananen mit mehr Vitaminen. Von seinem Geld profitieren auch ein deutsches Tuberkulose-Projekt, die Forschung an einem HIV-Impfstoff und an mit Vitaminen angereichertem sog. “Goldenem Reis”. (2)

Die Forscher hoffen, dass bislang unheilbare Krankheiten bald heilbar sein werden. Schon heute können in der Pränataldiagnostik, also bereits beim Kind im Bauch der Mutter, festgestellt werden, ob und welche Neigungen oder gar Krankheiten das Kind aufgrund seiner ihm mitgegebenen Gene haben wird. Nicht nur Chromosomendefekte, sondern auch Allergierisiko, Krebsrisiko oder Rot-Grün-Blindheit können schon festgestellt werden.
An Arzneimitteln und Therapie-Verfahren wird intensiv geforscht. Die ersten Biotech-Medikamente sind längst im Einsatz. Das derzeit meistverkaufte Biotech-Produkt ist das Hormon Erythropoietin, das nach einer Chemotherapie die Bildung roter Blutkörperchen stimuliert. Große Hoffnungen werden zum Beispiel an das Tissue Engineering geknüpft. Hier geht es einfach dargestellt darum, Ersatzgewebe und -organe aus menschlichen Zellen zu gewinnen und zu transplantieren. Sportverletzungen mit

Knorpelschäden oder gar Herzinfarktschäden könnten behoben werden. Die regenerative Medizin könnte bald Arthrosen heilen und sogar Zähne nachwachsen lassen. Und unsere Lebensmittel könnten durch biotechnische Inhaltsstoffe so angereichert werden, dass wir mit der Aufnahme dieses sogenannten Functional Food möglichen Krankheiten vorbeugen oder bestehende behandeln. (3)

Die Farben der Biotechnologie

Die Biotechnologie ist bunt. Jede Forschungsrichtung trägt eine andere Farbe.Sogenannte **rote** Biotechnologieunternehmen erforschen und entwickeln Arzneimittel und Diagnostika für den Menschen. Ein Schwerpunkt ist der Kampf gegen den Krebs.

Grüne

Biotechs beschäftigen sich mit den Pflanzen. Sie werden gezielt verändert, um sie abzuhärten gegen Schädlinge, Krankheiten oder ihre Wachstumszeit zu verkürzen. In vielen Ländern der Welt werden inzwischen gentechnisch veränderte Pflanzen angebaut. Sojabohnen, Mais, Raps, Baumwolle, Papaya sind beliebte Produkte. Weltweit wurden im vergangen Jahr auf 20 % mehr Feldern gentechnisch manipulierte Pflanzen angebaut. Die Amerikaner haben bereits rund 80% ihrer Soja- und Maispflanzen gentechnisch verändert. Deutschland ist hiergegen ein absoluter Waisenknabe: nur auf einer kleinen Fläche wird transgener Mais angebaut. (4)

Bei der **weißen** Biotechnologie geht es um den Einsatz der Gentechnik in den Produktionsverfahren von Chemie-, Textil- und Lebensmittelindustrie. In Deutschland werden mittlerweile unter anderem Enzyme, Vitamine, Aminosäuren, Antibiotika sowie Wirkstoffe für die Landwirtschaft und die Pharmaindustrie mit Hilfe der weißen Biotechnologie in Mengen von bis zu mehreren 100 000 Tonnen jährlich produziert. Bereits seit den 80er Jahren wird Insulin nicht mehr aus der Bauspeicheldrüse von Schweinen gewonnen, sondern durch transgene Bakterien. (5), (6)

Die **blaue** Biotechnologie erforscht die Lebewesen der Meere. Rund 95 % der Lebewesen dort sind noch nicht erforscht. Das Erbgut von Algen, einzelligen Lebewesen des Phytoplanktons und winzig kleine Bakterien soll entschlüsselt werden. Meeresforscher hoffen, auf dieser Basis künftig neue Wirkstoffe für medizinische Therapien entwickeln zu können.Die

graue Biotechnologie ist noch nicht klar abgegrenzt. Manchmal wird sie als weiße Biotechnologie verstanden. Andererseits wird sie als Biotechnologie verstanden, die sich für den Umweltschutz einsetzt. Hierfür wird allerdings zuweilen auch die Farbe braun verwendet. Auch die **gelbe** Biotechnologie hat noch kein klares Profil. Vereinzelt wird sie als die Biotechnologie der Lebensmittel oder der Herstellung von chemischen Grundstoffen verstanden. (7)

Amerikaner an der Spitze

Weltweit sind rund 5 000 Biotech-Unternehmen aktiv, davon sind rund 400 börsennotiert. Profitabel sind die wenigsten höchstens 10%. Sie haben 2004 einen Umsatz von circa 56 Milliarden US-$ erwirtschaftet. (8), (9)
Die größten Biotechnologieunternehmen der Welt sind die amerikanischen Gesellschaften Amgen und Genentech. Mit einer Marktkapitalisierung von 88 Milliarden Dollar hat sich Genentech den Spitzenplatz an der Börse erobert und lässt sowohl das weltgrößte Biotechnologieunternehmen Amgen als auch die etablierten Pharmakonzerne Eli Lilly und Merck & Co. hinter sich.

Die wichtigste Kommunikationsplattform der

Branche ist die internationale Fachmesse Biotechnica. Sie findet heuer zum 14. Mal statt und zwar vom 18. bis 20. Oktober 2005 in Hannover. Rund 1 000 Unternehmen aus aller Welt werden erwartet. (10)

Deutsche Biotech-Branche konsolidiert sich

In Deutschland gibt es derzeit rund 350 Biotechnologieunternehmen. Sie beschäftigen über 10 000 Mitarbeiter und erwirtschafteten 2004 einen Umsatz von rund einer Milliarde Euro. Dies entspricht einem Wachstum von 7 Prozent. (11)

Der Biotech-Boom in Deutschland begann 1996 und erreichte im Jahr 2001 seinen Höhepunkt. Es wurden 529 Millionen Euro Venture Capital in hoffnungsvolle Unternehmen investiert. Seit dem Zusammenbruch der New Economy haben es die verbliebenen Biotechs sehr viel schwerer, Kapitalgeber zu finden. Seit etwa 2 Jahren konsolidiert sich der Markt. (9)

Die meisten Biotechs sind kleine, junge Unternehmen, die sich in Nischen bewegen. Sie arbeiten in der Regel sehr konzentriert und forschen gezielt nach neuen Wirkstoffen und Arzneimitteln. Im

vergangenen Jahr waren 240 Wirkstoffe in der Entwicklung (im Vorjahr: 202) und 80 in der klinischen Prüfung (im Vorjahr: 69). (11)
Bis aus einem neuen Wirkstoff ein Arzneimittel geworden ist, das der Patient in der Apotheke kaufen kann, vergehen oft 10 bis 15 Jahre. Neben einem forschungsfreundlichen Umfeld (rechtlicher Rahmen, Steuergesetze) ist vor allem viel, viel Kapital nötig. 2-3-stellige Millionenbeträge sind weg, bevor ein Medikament fertig entwickelt, getestet und freigegeben ist. Diesen hohen Kapitaleinsatz auf lange Zeit können die wenigsten Biotech-Unternehmen bisher aufbringen. Ein gut funktionierender Venture Capital Markt, der die jungen Unternehmen vor allem in der Frühphase mit Kapital ausstattet, wäre von Nöten. (9)
Manche Start-Up-Unternehmen werden aufgekauft und scheiden so aus dem Markt aus. Denn die großen etablierten Pharmakonzerne wie beispielsweise Merck oder Altana investieren zumeist nicht selbst in die forschungsintensive Biotechnologie, sondern kaufen erfolgversprechende Forschungsprojekte in späten Phasen der klinischen Entwicklung zu. (12) Andere schließen nach der frühen klinischen Forschung und den ersten Tests Partnerschaften mit kapitalkräftigen großen Pharma-Firmen. Sie nehmen die weitere Entwicklung, Zulassung und Vermarktung in die Hand. Ein aktuelles Beispiel: Paion hat für seinen

Medikamentenaspiranten Desmoteplase gegen Schlaganfälle eine Entwicklungs- und Vermarktungskooperation mit den Pharmakonzernen Forest Laboratories in Nordamerika und der dänischen Lundbeck für den Rest der Welt geschlossen. (13) Neu im Trend ist, dass größere Biotech-Unternehmen kleinere Mitbewerber übernehmen. Und auch die Börse scheint wieder attraktiv zu werden. Die Beratungsgesellschaft PricewaterhouseCoopers (PwC) erwartet rund 200 IPOs (Initial Public Offering). Der Börsengang soll wieder neues Kapital für Forschung und Entwicklung in die Kasse spülen. (14), (15)

Bio-Generika ab Herbst?

Im Herbst könnte ein neuer Ruck durch die Biotech-Branche gehen. Die Hersteller nachgemachter Medikamente (Generika) spekulieren darauf, dass die europäische Gesundheitsbehörde im späten Herbst 2005 erstmals grünes Licht gibt, kopierte Biotech-Medikamente (sog. Bio-Generika) auf den Markt zu werfen. Im Labor gentechnisch hergestellte Insuline, Interferone und Wachstumshormone kämen dann auf den Markt. (16)

Fallbeispiele

- Zur Geschichte der Biotechnologie: (17)
- Verschiedene Experten stellen mögliche Anwendungen der Biotechnologie bis ins Jahr 2020 vor: (3)
- Zur Erfolgsstory von Genentech: (18), (19), (20)

Zahlen & Fakten

Biotechnologie-Branche Deutschland 2004 in Zahlen (11)

- Umsatz: 1,03 Milliarden Euro (Vorjahr: + 7 %)

- Mitarbeiter: 10.089 (Vorjahr: - 12 %))

- Anzahl Unternehmen: 246 (Vorjahr: 350)

- Verlust: 486 Millionen Euro (Vorjahr: 549 Millionen Euro)

- Gewinn: Insgesamt machten 27 Prozent der

Unternehmen im Jahr 2004 Gewinn (Vorjahr: 22 %)

Entwicklung kleiner Unternehmen im Kernbereich*) der Biotechnologie

	1997	1998	1999	2000	2001	2002	2003
Anzahl Unternehmen	173	222	279	332	365	360	350
- davon börsennotiert	1	3	10	20	21	12	11
Beschäftigte	4013	5650	8124	10673	14408	13400	11535
Beschäftigte in F&E	2076	2957	4346	5736	7858	7308	6120
Umsatz (Mio. Euro)	289	384	517	786	1045	1014	960
F&E-Aufwand (Mio. Euro)	141	212	326	719	1228	1090	966
Verluste vor Steuern (Mio. Euro)	k.A.	k.A.	k.A.	247	551	661	549

Quelle: Ernst&Young Biotechnologie-Report 2000, 2002 -2004

*) Hauptgeschäftszweck der Unternehmen ist die Kommerzialisierung der modernen Biotechnologie (umfasst Forschung, Entwicklung und Vermarktung von Produkten, Technologien und Dienstleistungen auf der Basis der modernen Biotechnologie).

Entnommen aus:
http://www.bmwa.bund.de/Navigation/Wirtschaft/Bra und-gentechnologie.html

Weiterführende Literatur

(1) Bestseller ...
aus Financial Times Deutschland vom 04.07.2005, Seite 4

(2) O.V. Bill Gates spendet 362 Millionen Euro für neue Biotech-Produkte, www.bionity.com, News, 01.07.2005
aus Financial Times Deutschland vom 04.07.2005, Seite 4

(3) DECHEMA Gesellschaft für Chemische Technik und Biotechnologie e.V., BIOTECHNOLOGIE 2020. Von der gläsernen Zelle zum maßgeschneiderten Prozess, http://www.i-s-b.org/2020/
aus Financial Times Deutschland vom 04.07.2005, Seite 4

(4) Farbe bekennen!
aus Labor Praxis Nr. 05 vom 20.05.2005 Seite 007

(5) Verband der Chemischen Industrie e.V. (VCI), Jahresbericht 2004, Seite 37 ff.
aus Labor Praxis Nr. 05 vom 20.05.2005 Seite 007

(6) O.V., Arbeitskreis "Weiße Biotechnologie" in Leipzig gegründet, www.chemie.de, News, 30.06.2005
aus Labor Praxis Nr. 05 vom 20.05.2005 Seite 007

(7) Lippold, Björn, Der Regenbogen der Biotechnologie, Chemie.DE Information Service GmbH, www.chemie.de, Themenspecial
aus Labor Praxis Nr. 05 vom 20.05.2005 Seite 007

(8) Size matters: Small Caps in der Biotechnologie Die niedrige Bewertung vieler innovativer Biotech-Firmen bietet großes Potenzial
aus Börsen-Zeitung, 25.06.2005, Nummer 120, Seite B6

(9) Zwischen Lethargie und Aufbruch - Pharmazeutische Biotechnologie in Deutschland - der Stand der Dinge
aus Venture Capital, Heft 4/2005, S. 10-15

(10) Messevorbericht Biotechnica Mehr Aussteller aus Asien erwartet
aus Labor Praxis Nr. 05 vom 20.05.2005 Seite 022

(11) Ernst & Young, Deutscher Biotechnologie-Report, 2005
aus Labor Praxis Nr. 05 vom 20.05.2005 Seite 022

(12) Frische Ideen
aus Frankfurter Allgemeine Zeitung, 14.07.2005, Nr. 161, S. 9

(13) Lundbeck wird Partner von Paion
aus Frankfurter Allgemeine Zeitung, 12.07.2005, Nr. 159, S. 15

(14) O.V., Pharma-Industrie: Trend zur Konsolidierung hält weiter an - weltweiter M&A-Boom in 2004, www.chemie.de, News, 08.07.2005
aus Frankfurter Allgemeine Zeitung, 12.07.2005, Nr. 159, S. 15

(15) IPO-Welle in der Biotech erwartet

aus Börsen-Zeitung, 08.07.2005, Nummer 129, Seite 13

(16) Erste nachgemachte Gen-Arzneien im Spätherbst
aus Süddeutsche Zeitung, 10.06.2005, Ausgabe Deutschland, S. 25

(17) Lippold, Björn, Die Geschichte der Biotechnologie, Chemie.DE Information Service GmbH, www.chemie.de
aus Süddeutsche Zeitung, 10.06.2005, Ausgabe Deutschland, S. 25

(18) O.V., Roche-Tochter Genentech mit unerwartet starken Quartalszuwächsen, www.bionity.com, News, 12.07.2005
aus Süddeutsche Zeitung, 10.06.2005, Ausgabe Deutschland, S. 25

(19) Genentech setzt Höhenflug fort
aus Frankfurter Allgemeine Zeitung, 13.07.2005, Nr. 160, S. 16

(20) Forscher mit Glückssträhne
aus Frankfurter Allgemeine Zeitung, 11.06.2005, Nr. 133, S. 17

Impressum

Biotechnologie - Hoffnungsträger in schillernden Farben

Bibliografische Information der deutschen Nationalbibliothek

Die Deutsche Nationalbibliothek verzeichnet diese Publikation in der deutschen Nationalbibliografie; detaillierte bibliografische Daten sind im Internet über http://dnb.d-nb.de abrufbar.

ISBN: 978-3-7379-2724-6

oder ähnliche Einrichtungen und die Einspeicherung und Verarbeitung in elektronischen Systemen.